DES DROITS ET DES DEVOIRS DES DÉPUTÉS.

DISCOURS

Présenté a Messieurs les membres des assemblées électorales ;

Par M. le Marquis de B***, du département de l'Indre.

A PARIS,

Chez GRÉGOIRE, Libraire, Quai des Grands-Augustins, n°. 37.

Année 1818.

IMPRIMERIE DE MADAME HUZARD

(née Vallat la Chapelle).

DROITS ET DES DEVOIRS

DES DÉPUTÉS.

DISCOURS

Présenté a Messieurs les membres des assemblées électorales.

Messieurs,

Le motif qui vous rassemble et votre sage discernement, ne laissent aucun doute que vous nommerez, pour membres d'une Chambre destinée à avoir tant d'influence sur notre bonheur, des hommes dignes d'y représenter votre département. Cependant, si l'importance d'un tel choix et votre intérêt bien entendu ne pouvaient vous dégager entièrement des liens de quelques affections particulières, pensez que votre amour - propre, comme Électeurs, vous fait une loi de choisir, autant qu'il vous sera possible, des hommes susceptibles d'être dis-

1 *

tingués parmi les autres Députés; car, Messieurs, c'est d'après les résultats des suffrages que vous allez donner, que le Roi et la Nation jugeront de quelle valeur peut être votre département dans la balance des prospérités nationales, et d'autant que comme ils doivent supposer que vous aurez choisi les plus dignes de vous représenter, ils seront nécessairement portés à juger de vos moyens par le degré de capacité de vos Députés.

Si de cette considération vous passez à celle relative aux divers travaux auxquels la Chambre des Députés est appelée à concourir, vous verrez combien il vous importe que cette Chambre soit composée d'hommes qui connaissent bien l'étendue de leurs droits, et encore plus celle de leurs devoirs.

C'est sous ce dernier rapport, Messieurs, que j'ai cru pouvoir vous être utile en vous donnant un aperçu de ce qui consiste, dans mon opinion, les principaux devoirs des Députés, afin que, si vous approuvez ma manière de penser, vous puissiez distinguer à quelle marque on peut connaître quels sont, parmi les éligibles, ceux les plus en état de s'acquitter des hautes fonctions dont vont se trouver revêtus les citoyens que vous aurez jugés dignes de votre confiance.

Je ne m'étendrai pas sur les droits des Députés; on pourrait dire qu'il suffit de l'être pour
les bien connaître, et même quelquefois pour
les exagérer : on peut, à cet égard, s'en rapporter
à l'intérêt personnel. Mais s'il est peu d'hommes
qui ne puissent connaître les droits d'un Député, il n'en est pas de même des devoirs que
cette place impose à ceux qui en sont revêtus;
car il est facile de supposer que l'étendue de ces
devoirs ne peut être bien appréciée que par des
hommes assez instruits pour connaître toutes
es conséquences de ce grand principe, base de
toute morale et de tout édifice social : *Il n'y a*
pas de droits sans devoirs, comme il n'y a pas
de devoirs sans droits.

Il est donc aussi facile de trouver des hommes
habiles à connaître les droits dont ils seront
revêtus comme Députés, qu'il est difficile d'en
trouver qui puissent apprécier l'étendue des devoirs que leur aura imposés cette éminente
preuve de votre confiance, et sur-tout qui
sachent distinguer, parmi ces devoirs, quels
sont les plus importans. Cependant, si vos Députés les ignorent, comment pourront-ils être
pénétrés du motif d'après lequel ils sont appelés à être les organes de ce nombre immense
d'hommes, dont l'ensemble est connu dans l'u-
nivers sous le beau nom de Nation française?

Comment pourront-ils savoir les obligations que ce motif leur impose, si, à défaut d'instruction, ils ne connaissent que d'une manière très-imparfaite, en quoi il consiste, et les conséquences qu'il présente?

Ce motif ne peut faire la matière d'un doute; il n'est que le désir de faire parvenir chacun des individus qui composent cette immense association au plus haut degré de bonheur, dont leur organisation et la nature du pays qu'ils habitent, ainsi que la force et les moyens de l'association dont ils font partie, les rendent susceptibles.

Ici, Messieurs, je pourrais vous présenter quelques idées sur ce qui constitue ce qu'on appelle bonheur, et il me serait facile de prouver, que s'il existe une opinion essentiellement fausse, et, ce qui est pire, extrêmement dangereuse, lorsqu'elle est professée par les chefs des nations, c'est celle qui tend à faire croire que le bonheur n'a rien de réel, qu'il dépend de la manière de voir, et qu'ainsi, c'est peine perdue de s'occuper des moyens de le procurer aux hommes: mais je ne m'arrêterai pas à réfuter cette opinion, dont il suffirait de développer les conséquences pour en montrer le ridicule; et j'établirai, d'après l'axiome, *il n'y a pas d'effets sans cause*, que, s'il existe un principe incontestable, c'est que les hommes ne se sont réunis en société, et n'ont renoncé à faire le sacrifice d'une partie de leur indépendance naturelle, que dans l'espoir d'en être dédommagés par les secours que les forces réunies de l'association leur garantissaient.

Il résulte de ce principe, que les hommes ne s'étant assujettis aux charges de la société que pour se mettre à l'abri des maux inséparables de la situation indépendante, mais précaire, où ils se trouvaient dans leur état primitif, ils ont eu, d'une manière très-positive, l'idée d'un mode d'être plus heureux que celui de la vie sauvage ; et dès-lors, le premier devoir de ceux qui sont chargés des pouvoirs d'une Nation, est donc d'empêcher qu'aucun des individus qui la composent ne soit dans un état pire que celui où il serait s'il ne faisait pas partie de cette Nation.

Si maintenant on applique à vos Députés la première conséquence de ce principe, il vous sera démontré qu'ils ne peuvent bien remplir les fonctions qui leurs sont dévolues, qu'autant qu'ils sont assez instruits pour savoir que leur premier devoir est de s'occuper avant tout des moyens nécessaires pour qu'aucun des individus qui composent la Nation française puisse se plaindre que les charges de la société sont pour lui au-dessus des avantages qu'il en retire; et alors chacun de vous sentira l'importance de ne porter son choix que sur des défenseurs zélés de l'égalité des droits et des libertés civiles et religieuses, dont les principes sont consacrés par la Charte, ce beau monument de la haute sagesse du Souverain que nous possédons, et l'un de ses titres les plus assurés à l'admiration des races futures.

Mais il ne suffit pas d'établir cette donnée générale, que le premier devoir d'un Député est de soutenir la Charte et de s'occuper des moyens de rendre le peuple heureux; il faut connaître comment et par quel moyen vos Députés peuvent parvenir à empêcher qu'aucun des individus qui font partie de la Nation, puisse croire, non-seulement que les charges de cette association sont pour eux au-dessus des avantages qu'ils en retirent, mais encore que les citoyens chargés des pouvoirs de l'association, ne font pas tout ce qu'ils peuvent pour les rendre plus heureux. Or, pour atteindre ce but, il me paraît indispensable qu'un Député sache sous quels rapports se présentent les divers individus qui composent la Nation, afin de pouvoir assigner, dans le trésor commun de l'association, la part nécessaire à chacun d'eux pour qu'ils se trouvent remplis des obligations que l'association a contractées envers eux; car il est aisé de concevoir que ces individus n'ayant pas tous les mêmes besoins, ne peuvent avoir les mêmes prétentions.

En effet, Messieurs, tous les individus qui composent la Nation se présentant dans des positions très-différentes, il doit y avoir entre eux une grande diversité de besoins, et par conséquent de désirs; et cette différence de positions est telle, que la moindre division qu'elle nécessite est celle en trois classes.

La dernière, désignée sous le nom *de classe pauvre,* renferme tous les individus qui, à raison d'une insuffisance de moyens personnels ou de moyens tirés d'une propriété, ne peuvent satisfaire qu'avec beaucoup de peines leurs besoins réels, et ont peu d'idées des besoins factices.

La seconde, que je désignerai sous le nom *de classe peu aisée,* comprend les individus qui, soit par leurs moyens personnels ou à l'aide d'une propriété, peuvent contenter, sans aucuns secours étrangers, tous leurs besoins réels, et même se procurer quelques jouissances tirées de la satisfaction d'un petit nombre de besoins factices.

La première, désignée sous le nom *de classe*

aisée ou riche, se trouve composée des individus qui, à raison de leurs propriétés, peuvent contenter leurs besoins réels avec tant de facilité, qu'ils ont pris l'habitude de n'avoir de jouissance que dans la satisfaction des besoins factices.

C'est donc en considérant ces trois classes, sous le rapport des diverses situations où la différence de fortune les place, que vos Députés pourront connaître les moyens qu'ils doivent employer envers chacune d'elles, pour leur faire trouver dans l'association dont elles font partie, tout ce qu'elles sont en droit d'en attendre : d'où il résulte que tout citoyen qui, par le défaut d'instruction, ne peut s'élever à ces considérations, n'est pas en état, quelles que soient d'ailleurs sa fortune et sa position, de bien s'acquitter des devoirs d'un Député : car c'est en vain qu'on supposera que sa position et sa fortune le rendent indépendant du ministère, si, par l'effet de son ignorance, il est dépendant de la séduction, ou n'a pas assez de connaissance pour distinguer comment les mesures qui lui sont proposées peuvent être nuisibles ou favorables aux divers individus qui composent la Nation.

Si d'abord on examine quels sont les rapports

sous lesquels les individus de la dernière classe du peuple se présentent, il sera facile de reconnaître que l'insuffisance de leurs moyens pour satisfaire leurs besoins réels, est le rapport le plus constant et le plus important de tous ceux sous lesquels la société doit venir à leur secours; ainsi, outre leurs droits généraux comme membres de l'association, ils ont encore pour droits particuliers d'être secourus par la masse de leurs coassociés, jusqu'au degré nécessaire pour contenter leurs besoins réels, lorsqu'ils ont prouvé, par leur conduite, avoir fait tout ce qui dépendait d'eux pour remplir les conditions tacites que chaque membre de l'association s'est imposées envers ses coassociés.

Mais les secours auxquels les individus de cette classe ont le droit de prétendre, ne se bornent pas aux seuls moyens de les aider à satisfaire leurs besoins physiques; car si la société est obligée, par le pacte d'association, de les aider à conserver leur existence physique, elle n'est pas moins tenue à leur procurer l'existence morale, sans laquelle ils restent dans un tel état de dégradation, que leur mode d'être devient alors une preuve de l'injustice des procédés de leurs coassociés envers eux ; et d'ailleurs comment, sans ce moyen, leur inspirer envers leurs concitoyens, les sentimens de re-connaissance qui doivent être la suite des bien-faits qu'ils en reçoivent, sentimens qui seuls peuvent garantir des révolutions?

Ainsi, les devoirs particuliers de vos Députés envers cette classe de la Nation, ne peuvent être remplis qu'autant qu'il y aura assez d'éta-blissemens publics, soit sous le rapport de se-cours, soit sous le rapport d'instruction, pour que tous les citoyens qui font partie de cette classe aient la certitude que les maux, qui mal-gré leurs efforts peuvent résulter de leur po-sition, seront adoucis par les effets de la pro-tection du Gouvernement, et que, malgré l'état d'infériorité où la pauvreté les place, la société n'en respecte pas moins leur qualité de coas-sociés, en cherchant par l'instruction à les rendre dignes de porter ce titre. Alors les ci-toyens de cette classe, trouvant dans l'associa-tion générale les avantages dont l'espoir sert de base aux obligations qu'ils ont contractées envers elle, se loüeront chaque jour de leur heureuse destinée; et bien loin de chercher à troubler l'ordre de la société, comme on le voit dans tant de nations, et même en Angleterre, pays si vanté pour sa prospérité, ils en seront, au contraire, les plus ardens défenseurs.

Si de cette classe nous passons à l'examen des rapports sous lesquels se présentent les citoyens de la classe peu aisée, nous observerons qu'une grande partie des devoirs des Députés, envers eux, est remplie par la conservation des lois qui leur assurent l'égalité de droits concurremment avec la classe riche: cependant, il ne faut pas croire que cette assurance puisse leur suffire pour atteindre le degré de bonheur dont ils sont susceptibles ; car un des premiers besoins des individus de cette classe, est celui de pouvoir s'élever au rang des citoyens de la classe riche ; puisque déjà, au-dessus de la dernière classe du peuple, par une certaine aisance, ils sont à portée de connaître et d'envier tous les avantages de la classe au-dessus d'eux : de là, cette souffrance extrême qu'ils éprouvent, lorsque leur peu de fortune se présente comme un obstacle insurmontable aux avantages qu'ils pourraient tirer de l'égalité de droits.

En conséquence, les devoirs particuliers des Députés envers les citoyens de cette classe, sont de leur donner tous les moyens de parvenir, sans rencontrer d'autres obstacles que ceux qui pourraient résulter de leur incapacité; et dès-lors il est nécessaire qu'ils leur conservent un grand nombre de petites places ayant un traitement, pour que la jeunesse de cette classe puisse y trouver autant de portes ouvertes aux diverses carrières dont le peu de fortune de ses parens tendrait à l'éloigner. Ainsi, de cette manière, les jeunes gens nés avec peu ou même point de fortune, auraient l'espoir de parvenir à tous les emplois de la société sans craindre la concurrence trop forte des riches.

Et qu'on ne craigne pas qu'une pareille mesure puisse être à charge à l'Etat ; car combien la société ne sera-t-elle pas amplement dédommagée de ce léger sacrifice, en assurant le bonheur d'une classe qui, par son nombre et sa position intermédiaire entre les pauvres et les riches, doit être considérée comme faisant la partie essentielle des nations ; celle sans laquelle, ainsi que l'expérience le prouve, l'ambition des riches, lorsqu'elle est démesurée, de même que les prétentions des pauvres, lorsqu'elles sont exagérées, ne peuvent jamais parvenir à troubler la tranquillité publique !

Mais ce serait en vain qu'on présenterait aux jeunes gens de cette classe la perspective d'un grand nombre de places, et sur-tout de celles qui se trouveraient affectées à l'instruction publique, si on ne leur donnait pas l'éducation indispensable pour les bien remplir. En conséquence, les devoirs particuliers des Députés, envers eux, ne sont pas seulement de leur présenter la perspective d'un grand nombre de places ; il faut encore qu'ils leur donnent les moyens d'acquérir l'instruction que requerrent ces places ; et dès-lors il est donc nécessaire que les Députés tendent de tous leurs pouvoirs à la création d'un grand nombre d'Ecoles publiques, dans lesquelles soit gratuitement , ou soit au moyen d'une faible rétribution , les jeunes gens de cette classe puissent tous se procurer une éducation susceptible de les rendre dignes des places auxquelles il ne faut que du mérite pour prétendre.

Si cependant quelques personnes pouvaient croire que de cette manière la plupart des jeunes gens de cette classe ne voudraient pas faire l'état de leur père, qu'elles se rassurent. La nature, en assujettissant les hommes au pouvoir des habitudes, leur a donné trop de tendance à prendre l'état qu'ils ont vu dans leur enfance exercé par leurs parens , pour qu'on puisse craindre un semblable effet ; et puis les avantages de position que les jeunes gens trouvent à suivre la profession de leur père , joints à ceux, souvent très-lucratifs, que présentent la plupart des professions industrielles ou commerçantes , seront encore un grand motif de restriction à cet égard. Mais quelle que soit la destination des jeunes gens de cette classe, il résultera toujours un très-grand bien pour eux de l'instruction qu'ils auront reçue dans les Ecoles publiques ; car, alors, ils rempliront avec plus de sagacité toutes les professions auxquelles ils se destineront, et ils conserveront pendant toute leur vie l'esprit public qu'ils auront acquis dans ces Ecoles, ainsi que la disposition a exercer envers leurs semblables la bienfaisance, dont l'Etat leur a donné l'exemple par le soin qu'il a pris d'eux dans leur enfance.

Si de cette classe nous passons à celle qui comprend les citoyens riches ou aisés, on peut également observer qu'il paraîtrait qu'une grande partie des devoirs des Députés est remplie envers elle, par l'existence des Lois qui lui garantissent la jouissance tranquille des avantages que la répartition inégale des fortunes lui procure, et par les attentions particulières du Gouvernement pour les deux autres classes ; ce qui mettrait à l'abri des effets de l'envie et de la jalousie de ces deux classes. Mais, quoique sous ces rapports on pourrait croire que cette classe n'a plus rien à désirer, cependant il est aisé de reconnaître que cette position est très-insuffisante pour faire atteindre les citoyens qui la composent, au degré de bonheur dont leur fortune les rend susceptibles.

En effet, si l'on considère que les citoyens de cette classe n'étant plus astreints, à raison de l'aisance qu'ils possèdent, à renfermer leurs désirs dans la satisfaction de leurs besoins réels ou dans le contentement d'un petit nombre de besoins factices, comme sont obligés de le faire les citoyens des deux autres, ils doivent porter leurs pensées sur les moyens d'obtenir les jouissances que procure la satisfaction d'un grand nombre de besoins factices ; alors on concevra que le bonheur, pour les gens de cette classe, doit se présenter sous des rapports très-différens de ceux sous lesquels il se montre aux citoyens des deux autres.

Ainsi, tandis que dans la classe pauvre tous les désirs ont pour but de ne pas souffrir, et que, dans la classe peu aisée, ils se bornent à l'obtention d'un état plus fortuné ; ceux des citoyens de la classe riche ont pour but de contenter un grand nombre de besoins factices, auxquels ils n'admettent d'autres limites que celles de la puissance, sans avoir égard à celles où ces désirs doivent se renfermer pour ne pas blesser les intérêts de leurs concitoyens. En conséquence, il est donc très-important pour eux, et même pour les autres citoyens, qu'ils soient éclairés sur l'espèce de besoins factices dont la satisfaction contribuera le plus à leur bonheur, et sur les limites qu'ils doivent se prescrire pour éviter de nuire aux autres, ou de se perdre dans des désirs sans fin : et de là, pour cette classe, la nécessité d'être encore plus instruite que les deux autres; nécessité telle qu'on peut la considérer comme une condition indispensable à son bonheur.

De ce principe, il résulte que les devoirs particuliers des Députés envers cette classe, sont de lui procurer le degré d'instruction dont elle a besoin pour régler ses désirs, et savoir employer sa fortune comme moyen de bonheur; degré bien supérieur à celui nécessaire aux deux autres classes ; et que dès-lors ils doivent provoquer l'établissement d'un nombre suffisant d'écoles publiques où il n'y ait rien d'épargné, soit pour procurer à la jeunesse de cette classe le plus haut degré d'instruction auquel un homme puisse en ce moment parvenir, et sur-tout la rendre habile dans les sciences morales et politiques, soit pour entretenir parmi les citoyens de cette classe l'amour des sciences, amour qui contribuera si puissamment à leur faire employer, d'une manière délicieuse, les innombrables instans d'oisiveté dont la fortune les accable, et qui, à défaut d'instruction, sont pour eux une source inépuisable d'ennuis.

Ainsi, par ce moyen, les citoyens de cette classe non-seulement connaîtront la direction et les limites qu'ils doivent donner à leurs désirs, et l'emploi qu'ils doivent faire de leur fortune et de leur oisiveté pour être heureux; mais encore ils jouiront des avantages immenses que leur procureront une éducation conforme au rang que leur fortune les appelle à tenir dans la Société, et l'unité d'opinion qu'ils reçoivent des principes uniformes professés dans les écoles publiques. Or, sous ce dernier rapport, combien les résultats de ces établissemens seront précieux pour la nation! car, dès-lors qu'il est prouvé que les dernières classes du peuple suivent toujours l'exemple des riches, cette unité d'opinion parmi les citoyens de la première classe produira nécessairement l'extinction de tous les partis qui nous divisent, et qui nous diviseront toujours tant que l'ignorance laissera croire à la plupart d'entre nous, que les opinions particulières qu'ils professent, soit par habitude ou soit par séduction, sont les meilleures.

Il est facile, en effet, de démontrer que c'est à défaut d'instruction qu'un si grand nombre de citoyens sont divisés d'opinion sur des points où il est inconcevable qu'ils puissent penser différemment ; entre autres , sur les motifs qui doivent les déterminer dans le choix de leurs Députés ; étant impossible d'attribuer à une autre cause , cette tendance générale que la plûpart d'entre eux ont à préférer de petits intérêts particuliers à l'intérêt général de la Société , et de cette manière à perpétuer des divisions dont les résultats sont si funestes à tous. N'est-ce pas encore d'après cette cause que si peu d'entre eux marchent directement vers le but que tous, en dernière analyse, ils veulent atteindre : celui d'obtenir l'amour et la considération de leurs semblables ?

Aussi combien en trouvez-vous qui ne pensent pas que les richesses doivent être la fin de toutes nos actions, et qui, sous ce rapport, ne sacrifient pas sans cesse la fin aux moyens ? Les riches ne sont pas en cela plus instruits et moins avides que les pauvres ; et on peut même dire, à cet égard, que ceux qui ont le plus d'esprit, sont souvent ceux qui annoncent le plus d'ignorance. Combien, en un mot, en voyez-vous qui mettent en pratique cette maxime si ancienne, si belle, si féconde en bonheur, et cependant si peu suivie : *Faites aux autres ce que vous voudriez qui vous fût fait !* tandis que vous voyez tant de gens qui affectent de tourner cette maxime en ridicule, et dont la devise est :

Malheur aux vaincus! gens assez ignorans pour croire qu'ils peuvent être heureux tous seuls, et qu'ils font preuve d'esprit en affectant une insouciance parfaite pour la chose publique, et encore plus pour les maux d'autrui.

Mais ce qui achève de prouver complétement l'ignorance d'un grand nombre de nos concitoyens, c'est la facilité avec laquelle ils sont les dupes d'une foule d'intrigans et d'ambitieux, qui leur persuadent de se laisser conduire aveuglément ; malheur qui tient à la nature des hommes ignorans, lesquels ne peuvent être considérés que comme des machines soumises à la disposition de tous les gens hardis ou rusés qui les environnent.

Oui, Messieurs, ce n'est que lorsque les Français seront instruits, qu'ils cesseront de suivre, sans examen, les avis de tant de personnes qui ont intérêt à les séduire, et qu'enfin ils seront unis et persévéreront dans un même sentiment, celui basé sur le désir de conserver les avantages que la Charte leur procure, et sur la reconnaissance qu'ils doivent au Roi et à la Famille qui la leur a donnée. Mais, jusqu'à ce moment, rien ne doit étonner des effets de l'ignorance; car quelle conséquence peut-on attendre dans les actions d'une foule d'hommes qui, incapables de se guider eux-mêmes, sont obligés, comme les aveugles, de suivre les conseils de tous les passans? Quelle peut être la durée des ouvrages que de pareils soutiens sont appelés à conserver, lorsque d'après l'axiome, *les hommes ne peuvent rien faire que d'autres ne puissent défaire*, il ne s'agit, pour prévoir un changement, que de savoir entre les mains de qui tombera la direction de l'opinion du moment. Peut-on donner en faveur de cette assertion des preuves plus fortes que celles que présente notre révolution? Voyez avec quelle rapidité la haine de la royauté a succédé dans le cœur des Français à leur ancien amour pour leurs Rois; ensuite comme cette haine a été subitement remplacée par l'admiration, et l'obéissance la plus grande envers l'homme qui, sans aucun droit, s'était déclaré leur maître; et, enfin, comme cette admiration a promptement cédé au retour de leur amour naturel et si juste pour la Famille de leurs anciens Rois.

Il est donc impossible de ne pas reconnaître que le seul moyen pour consolider la Charte, et donner de la persistance à la bonne direction dans laquelle cet acte solennel a placé l'opinion des Français, et de cette manière prévenir les malheureux effets des divisions de partis, est de répandre le plus tôt possible l'instruction dans toutes les classes. Ainsi, l'intérêt bien entendu des Électeurs doit donc les porter à concourir à cette œuvre salutaire, en ne choisissant pour Députés que des hommes assez instruits pour être persuadés que comme, sans l'instruction, les peuples, quelle que soit leur législation, ne peuvent être unis ni heureux, ils doivent penser que dans tout ce qu'ils feront, rien ne sera comparable à ce qu'ils pourrout faire pour chasser l'ignorance de toutes les classes de la Société, et sur - tout de celle composée par les citoyens riches, dont l'opinion, à raison du pouvoir que leur donne la fortune, a tant d'influence sur la manière de voir des citoyens des autres classes.

C'est en vain que vos Députés croiront avoir rempli leurs devoirs, en discutant longuement une foule de projets de Lois qui leur seront présentés, s'ils négligent d'employer leurs pouvoirs à l'établissement de l'instrution publique sur des bases suffisantes pour assurer à tous les citoyens les moyens d'éclairer leur raison, et de se délivrer de cette malheureuse facilité à croire, sans examen, tant de gens intéressés à les induire en erreur ; car on ne peut trop répéter une vérité qui, jusqu'à ce jour, a été bien loin d'être connue et appréciée comme elle devrait l'être, malgré qu'elle soit prouvée dans toutes les pages de l'Histoire : *Il n'y a pas de bon système de Législation, si l'instruction pu-*

blique ne lui sert de base ; et le *degré de civili-sation des peuples* est absolument subordonné, sans exception, au degré d'instruction que tous les citoyens, et sur-tout les plus élevés en fortune et en dignités, manifestent dans leur conduite et dans leurs opinions.

FIN.